D1628787

DIE WELT ENTDECKEN

Mein erstes
BILDER
WÖRTERBUCH

Text: Kate Petty
Illustration: Gillian Clements

KARL MÜLLER VERLAG

Copyright © by Award Publications Limited 1991.
Copyright © der deutschsprachigen Ausgabe
by Karl Müller Verlag, Erlangen, 1992

Alle Rechte vorbehalten.
Kein Teil des Werkes darf in irgendeiner Form
(durch Fotokopie, Mikrofilm oder ein ähnliches Verfahren)
ohne die schriftliche Genehmigung des Verlages
reproduziert oder unter Verwendung elektronischer
Systeme verarbeitet, vervielfältigt oder verbreitet werden.

Text: Kate Petty
Illustration: Gillian Clements
Titel der Originalausgabe: In the picture. A first word book.
Übertragung aus dem Englischen: Monika Harand-Krumbach
Redaktion: Dieter Krumbach

Printed in Singapore

ISBN 3-86070-174-6

Inhalt

Mein erstes Bilderwörterbuch..............8
Im tropischen Regenwald 10
Auf dem Fußballplatz....................12
Im Garten 14
Im Gasthaus...............................16
In der Schule..............................18
Im Ballett 20
Dinosaurier................................22
In der Wüste 24
Im Weltall..................................26
Auf der Burg 28
Auf dem Flughafen......................30
Im Büro 32
Beim Heimwerken 34
Im Fernsehstudio 36
Im Safaripark..............................38
Auf dem Campingplatz 40
Im Schwimmbad 42
Am Strand 44
Im Reitstall 46
Beim Skifahren 48
Beim Arzt 50
In der Küche 52
Auf dem Volksfest 54
Im Einkaufszentrum 56
Weihnachten 58
In der Nacht 60

Mein erstes Bilderwörterbuch

Dieses Buch ist voll von lustigen und interessanten Bildern. Auf jedem ist so viel los, daß du es immer wieder anschauen kannst. Unter vielen Dingen stehen ihre Namen. Dadurch kannst du lernen, wie die Wörter geschrieben werden. In den Sprechblasen kannst du lesen, was die Leute zueinander sagen. Sie erklären oft noch genauer, was auf einem Bild passiert.

Folge der Schnecke

Siehst du die Schnecke auf den Bildern? Folge ihr durch das ganze Buch zu den unterschiedlichsten Schauplätzen: Garten und Schule kennst du selber gut, aber sie führt dich auch ins Weltall und in die ferne Vergangenheit ins Zeitalter der Dinosaurier. Du siehst die Menschen im Urlaub und in der Freizeit genauso wie beim Arbeiten.

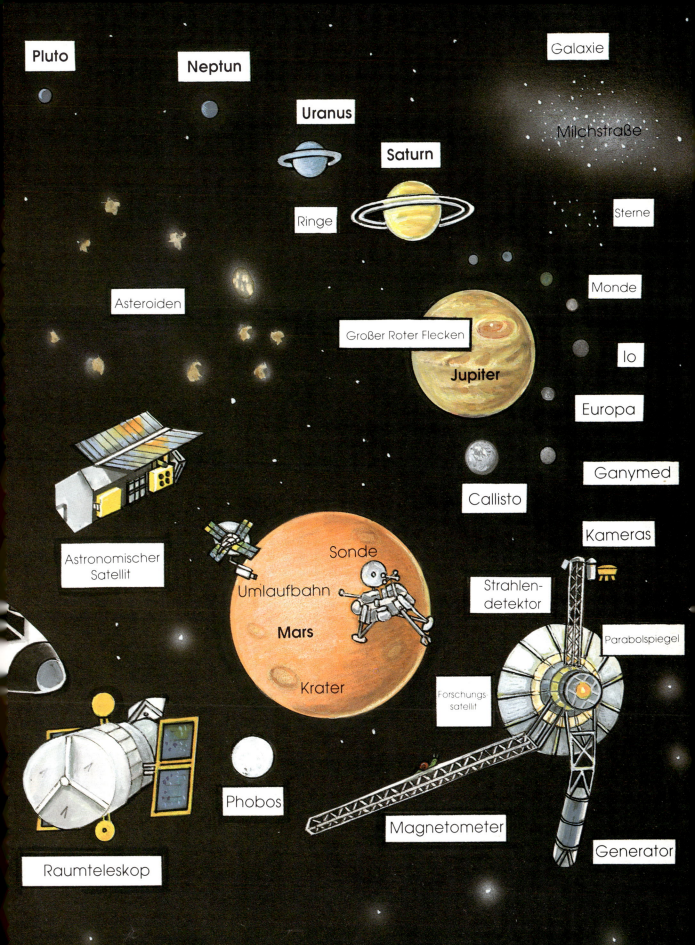